그 섬에 든 순간 너도 나도 꽃이었지

김정애 시집

김정애 시집

고요아침

그 섬에 든 순간
너도 나도 그곳이었지

시/인/의/말

깨가 쏟아지도록 걷고 걸어 볼 일이다
꿈을 꾸듯 농담하듯
세상을 향해 끊임없이 어룽대면서
사랑을 키워볼 일이다

스쳐가는 손길을 놓칠까 두렵다
젖은 손이 되어
젖은 숨결이 되어
고요라는 그물을 둘러친다
감동이 오는 순간,
순간이 순간에게 주는 눈길을 받아 적는다
맘 길에 돋아나는 새싹처럼

따뜻한 그림으로
감성의 옷을 입혀 준
유소리님 사랑합니다.

2023년 7월
김정애

차/례

시인의 말   05

1부 보름달은 향기에 젖었다가고

향일암   12
한 알, 백자 항아리 같은   14
간보다   16
보름달은 향기에 젖었다가고   18
오미크론 행성을 대면하다   20
잠수교 가는 길   22
척   24
반월에 가면   26
반월 밝히는 꽃자리   28
진섬 다리에 간꽃이 피어나고   30
돌산갓김치   32
진섬 꽃동산   34
녹차 경전   36

2부 포구에서 포부를 펼치다

포구에서 포부를 펼치다	40
꽃무릇	42
꿈을 그려요	44
질문의 문	46
영취산	48
환경도서관에서	50
현암도서관	52
지역아동센터	54
금오산	56
갓길의 내재율	58
어린이 꿈터	60
이끼의 순간	62
추석 무렵	64

3부 검은 바다 눈뜨는

검은 바다 눈뜨는	68
꿈속에 그려보는 항해일지	70
탑 송이 붉은	72
안 와, 해가 바뀌어도 안 와	74
문패를 달다	76
석탑의 꿈	78
혼자가 아니야	80
말랑말랑한 침묵	82

4부 꽃섬에 들다

장군도, 비문碑文의 시간	86
단단한 젖	88
비렁길에서 만난 시간	90
개도蓋島 사람길	92
경도, 풍경 깊은 집	94
작금 등대	96
오동도	98
달빛은 굴개 마을을 보듬고	100
미평 편백 숲	102
장맛비	104
꽃섬에 들다	106

해설_보이지 않은 것을 건너다보는
   융합의 시쓰기/신병은   110

1부

보름달은 향기에 젖었다 가고

향일암

소원을 꺼내 놓기 전에는 아찔한 절벽이었다

남해로 향해 가는 거북이 피워 올린 신전이었다

해를 향해 천문을 열어놓고

동백 향기 쥐었다 편 사이

독경 소리 굽혔다 편 사이

바람 자락에 구름 앉았다 간 사이

가벼워지는 마음

한 알, 백자 항아리 같은
― 장애인종합복지관

무한한 세계를 품고 있는 알을 두드린다

지역사회와 함께 하는 문학여행
네 번째 작품집 출판기념식이 열리던 날
놓칠 수 없는 시어 한 알

빨대 같은 자판을 입에 물고
두드리고 두드려서 빚었다는
휠체어에 앉아 혹은 목발 옆에서 새긴
한 알 한 알이 뼈와 살이라는

1,300도를 견딘 후에야 탄생한다는
백자 항아리 같은 한 알

제 몸을 두드리고 있는 북어 앞에서
나여,
무한한 세계가 꿈틀대는 한 알, 낳고 있는가

1부_보름달은 향기에 젖었다 가고

간보다

간肝과 간鹽 사이에는 바다가 출렁인다
맵고 짜고 달고 시고
혀끝에 꽂히는 맛보다 강하게 끌어당기는
간을 본다는 말
처음 눈에 들어오는 사람과의 거리 같은 맛

돌쟁이를 안았을 때
눈동자끼리 파닥거리다
울어야 할지
웃어야 할지
그렁그렁 맺히는 눈물 같은 맛
까르르 웃어 재끼는 잇몸 같은 맛

마음에 겉돌던 매운 사람
입 안에 머금고 궁글리다 보면
물빛같이 어우러지는
우리라는 맛
맘속에 스미고 스며서 바다로 깊어지는 맛
간鹽과 간肝 사이에는 바다가 출렁인다

돌쟁이를 안았을 때
눈동자끼리 파닥거리다
울어야 할지
웃어야 할지
그렁그렁 맺히는
눈물 같은 맛
까르르 웃어 재끼는
잇몸 같은 맛

보름달은 향기에 젖었다가고

그리운 사람 찾아 천리를 간다는 전설을 심어놓고
흘러가는 세월도 향기로 피어난다는 이야기를 뿌려놓고

천리 길 떠나신 당신

천리향 그늘에 앉아 가락을 마신다
지난주에는 삼겹살을 구웠다

지지난 주에는 향기를 삶았다
서울에 터를 잡고 살아가는 동생
휴가 나온 조카가 목청을 가다듬을 때

지천으로 몸을 늘린 향기는
가락을 굽고 있는 훈훈한 달빛을 데려와
우리들의 이름을 타닥타닥 뒤집기도 하면서
천리 길 안부를 풍기고 있다

오미크론 행성을 대면하다

마스크를 뚫고 나오는 비말에는 다국적 맛이 쏟아졌다

사구를 휩쓸고 불어오는 콧바람은 재채기를 부르짖었고
먼동의 눈부심 같은 축제 후유증은 고열로 달뜨게 했다
열두 줄기 폭포 근처에 산다는 무지갯빛 안개는
대륙을 넘어오는 흙바람을 몰고
삼킬 듯 삼켜지지 않는 인후咽喉를 들락거리며 목소리를 가져갔다

멈춤 밖에서 멈춤 안으로 몸을 누이는 순간
한 번도 멈춘 적이 없는 파도의 포말들이 보였고
벚꽃을 사이에 두고 꿈과 흰 잠 사이에 누워
뭇 별을 세던 날의 목마름이 간절했다

지구 저편에서 같은 처방을 깔고 누워있는 이를 생각하는 순간

우리가 차려 놓은 밥상에
우리가 허우적거리고

우리가 어루만지며 함께 가야 한다는 것을 알았다

사람들이 잠시 멈춘 사이
감금된 야생들이 풀려났다는 소식을 전해 들었을 때
오대양 육대주을 닮은 알약을 한꺼번에 삼킬 수 없었다

인간적인 것이 세계적이라는 말을 뒤집는 순간이었다

잠수교 가는 길

소라고둥이 꽃게를 앞세우고
진섬다리를 걸어가네
자박자박 물장구를 치면서
어우렁더우렁 넘어지기도 하면서
길게 늘어지는 물결을 길 삼아
서두르는 물색도 없이
팡팡 터지는 웃음소리
갈매기 날개 위에 껍이 올린 속도를
낭창낭창 바람결로 풀고 있네

소금꽃이 건너올 때까지
간鹽 꽃이 영글 때까지

척

때로는 비논리가 더 논리적일 때가 있다
막걸리 집에서 떠벌리는 사랑 고백이라든가
등산로를 감아올린 백허그 같은 것
장인과 사위가 나서는 등산길에
나는 오이가 되었다가 참외가 되었다가
안주 같은 들러리가 되기도 하였는데
아카시아 향기가 긴 이야기를 쓰고 있는 정오의 한때
입산주로 시작해서
정상주 하산주 별별 이름을 꺼내 붙여 홀짝이는데
선암사 보리밥집이 안방처럼 부풀었다
굽은 언덕은 붉은 취기가 되어
장인이 업힌 건지
사위가 껴안은 건지
능선을 업고 함께 오르는데
나는 수수방관자가 되어
놓친 박자를 줍는 척 먼 산 바라기가 되었는데
한발 물러섰다 일어서는 조계산
산철쭉 만개한 장군봉을 껴안고 있다

장인이 업힌건지
사위가 개안은건지
능선을 업고
함께 오르는데
나는
수수방관자가 되어
놓인박자를 주는척
먼산 바라기가
되었는데

반월*에 가면

유채꽃 벙글던 날 있었지
해바라기 만발하던 때 있었지
와온에서 밀려오는 향기 속에는
유년을 끌고 가는 모퉁이가 살랑댔지
물컹물컹 번져가는 물때를 만져보고
여자만汝自灣 손질하던 파도
하늘이 열릴 때까지
마음이 가만해질 때까지
그득히 출렁이다가
출렁이다가
함께 벙글기도 했었지
세월의 온기는 꽃을 향해 흐르고
달무리 입고 살아가는 반월
집집마다 관절 앓은 꽃이 늘어나네
뒤뚱뒤뚱 늘어나네
뿌리면서 또 갈아엎으면서
계절을 끌고 오네
가만한 꽃들이
들녘을 밀고 가네

* 여수시 율촌면 바닷가 마을.

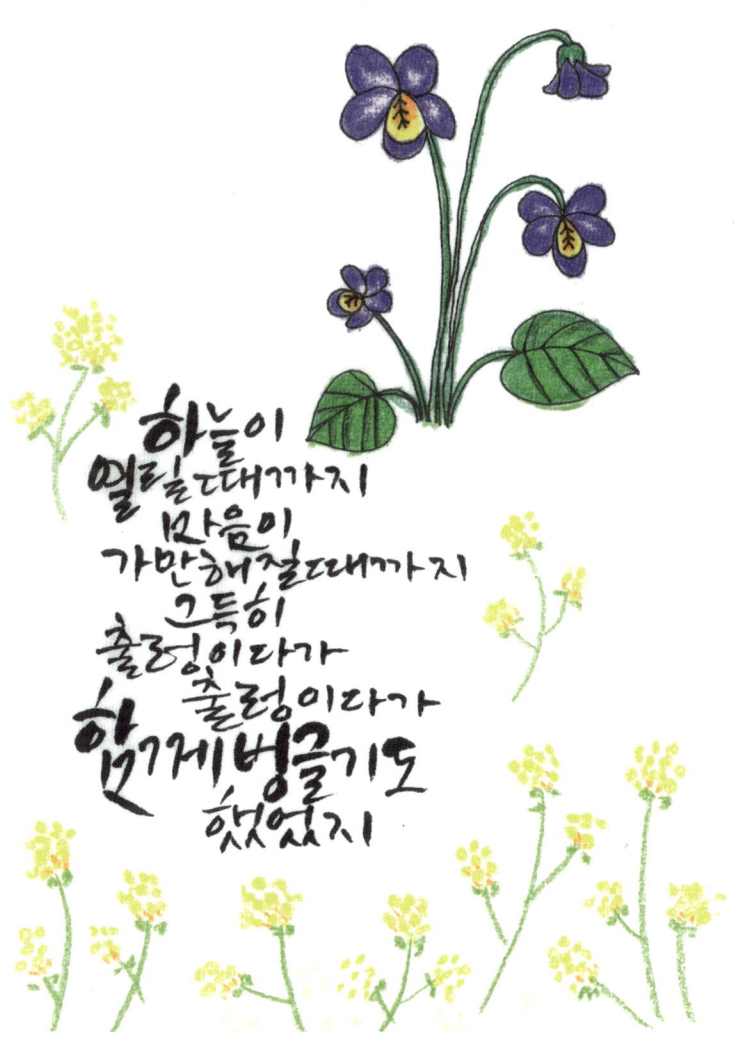

반월 밝히는 꽃자리

멸종 위기에 이름을 올린
흰발농게와 대추귀고둥
사랑나무 사이에 둥지를 틀었네

서식지를 품는다는 건
인류를 품었다는 것

둥지를 얼이농고
갈대 잎 창호에 스친 바람 소리 따라
향기 젖은 외진 처마 밑
반월을 밝히는 꽃자리가 되네

그리움 일렁이는 달빛이 찾아오면
겨드랑이에 흰발농게를 끼고
대추귀고둥 추켜세운
서식지가 열리네

우주가 열리네

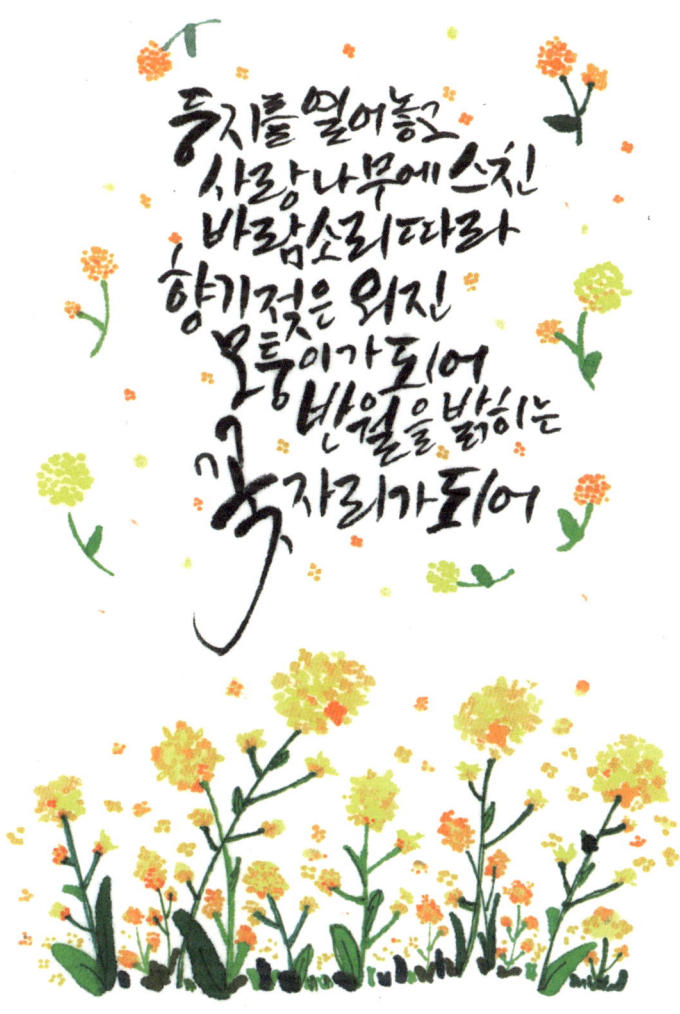

진섬 다리에 간꽃이 피어나고

빗장 걸린 향기가 출렁인다
바닷속 안부를 널어 말리는 사이
진섬 다리가 꽃을 피웠다

하루에 두 번
콘크리트 바닥이 향기로 몸을 바꾸는
맑은 날

기타를 둘러맨 여린 햇살
장도 쪽으로 향하고
미풍으로 옷을 갈아입은 파도와
이야기꽃을 피우는 갈매기

밀물과 함께 언덕 밭을 오르고
풀물 가득한 손톱에 간물 꺼입은
아버지, 가슴에 핀 소금꽃

빗장 열린 향기가 웃음으로 출렁인다

밀물과 함께
언덕 밭을 오르고
풀물 가득한 손톱에
간물결 입은
아버지
기슭에 핀
소금꽃

돌산갓김치

눈 속에 핀 한 잎
안과 겉 구분해야 한다면
너와 나는 슬퍼질 것이다
바닷가 서성이는 바람
꽁꽁 언 맛 위에 새 맛을 비벼댄다
겨울과 봄
한꺼번에 버무린
비탈밭 한 접시
계절의 중심으로 입맛이 모여들고
경계를 허물어야 새 맛이 온다지만
애초부터 경계란 없었던 것이다

소금 간도 못하고
겨울 감싸고 돌아온 알싸한 봄

꽁꽁 언 맛의에
새맛을 비벼 댄다
겨울과 봄
한꺼번에
버무린
비탈밭 한 접시

진섬 꽃동산

빗방울에 몸을 맡긴 잎새
멀고도 오랜 세월을 데려오는데
섬을 키우고 있는 쑥과
매화에게 눈을 올려본다

지난 가을
북쪽으로 날아간 철새들이
매화꽃으로 사뿐히 앉았나고 여겨질 때
어느 해
땅속으로 돌아간 영혼의 숨소리가 들려온다

섬이 쑥쑥 자란다

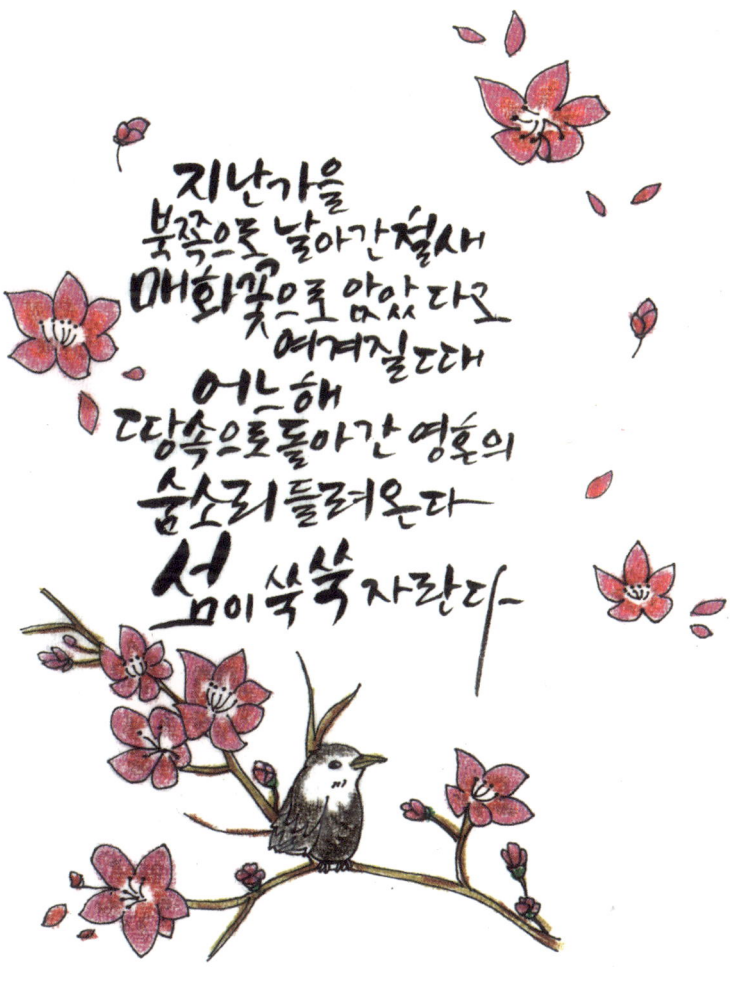

녹차 경전

녹차는 하동을 고집한다
신의 숨소리가 살고 있는 왕의 언덕을 고집한다
고요한 우주 속에서
세작이라 중작이라 경계 두지 않는다

은은한 세상에 마음 들어앉으면
야생의 꿈은 향기로 스며들고

찻잔 속에 내 걸린 허공한 채

푸른 계절 감고 도는 아버지 땀과
정화수에 마음 씻는 어머니 손과
흘러가는 그리움까지 풀어주는 섬진강

먼 길 달려온 당신을 향해
쌍계사 종소리도 걸음을 멈춘다

고요와 우레를 옆옆이 두른 녹차 속에는 우주가 살고 있다
섬진강 웃음과 지리산 눈물이 찻잔 속에서 하나 될 때

경전 같은 혈맥이 우러나온다

하동은 녹차를 고집한다
신의 숨소리가 살고 있는 왕의 언덕을 고집한다

2부

포구에서 포부를 펼치다

포구에서 포부를 펼치다

포부는 모든 것을 포함하면서
모든 것을 포함하지 않는다
바다의 눈이 되어 경계 없이 걷다 보면
안포, 원포, 세포
누대를 거쳐 온 포구가 포물선보다 먼저 문을 연다
파도는 파도를 부르며 다가오고
갯벌은 가슴에 품고 있던 만물을 풀어 놓는데
앞강시는 대장 게는 닻을 들어 올리듯 집게발을 치켜세우고
각시고둥 곁에서 뒤뚱거린다

옆구리가 한쪽으로 기운 목선木船
졸린 눈을 비비면서
그물에 올라앉은 삿갓을 널어 말릴 때
소금꽃을 깁고 있는 알츠하이머의 여자와
해풍을 등지고 탁탁 해수를 뱉고 있는 남자가 통통거린다
쇠잔한 바닷속 안부를 묻고 있는 석양
포구에 펼쳐진 포부는 바다가 품고 있는 먹먹한 퇴적암을
감잎 수북한 뒤란으로 끌어 와 최후의 성찬인 듯 굽고 있다
바다를 신전으로 받들고 살아 온 풍화혈을 뒤집고 있다

2부_포구에서 포부를 펼치다

광속의 빛으로는 도달할 수 없는
무한한 항구의 대답인 듯
시원의 포구와 한 호흡이 될 때까지 멈추지 않는다

꽃무릇

둥 둥 둥
북채가 소리를 업고 새벽을 넘어오네

꽃무릇에 앉아 있는 검은 나비
향기를 업고 어디로 가는것일까

백팔탑*을 향해 합장하는 두 손
소리에 몸을 맡기고 허공을 끌어당기네

둥 둥 둥
향기에 맺혀있는 꽃잎
멀리멀리 흩어지며 법문을 두드리네

세상에 와서
그리움으로 가득한 세상에 와서
목청을 세우고 눌러 참아도
만나지지 않은 얼굴

둥 둥 둥

2부_포구에서 포부를 펼치다

소리 보살이 빚어내는 구도의 길
두드리고 두드려야 만날 수 있다는
법문 속에 살고 있다는
어머니

소리가 북채를 안고 저녁을 넘어가네

* 홍국사 뒤편에 세워진 탑공원, 꽃무릇이 일품임.

꿈을 그려요
— 이순신 도서관

휠체어를 타고 목발을 짚고 있는 작가들
작품 앞에서 웃고 있어요

"운동화를 신고 걸을 수 있는 날이 올 거예요"

꿈을 그렸어요
빛이 되고 싶어요

툭 불거지는 행복주택에서 멀어졌다는 말
발밑에 꾹꾹 눌러 삼키며
구봉산을 당겼어요

정상에 걸터앉은 안개
한발 물러나 젖고 있어요
두두 방망이질하는 무언가가 젖고 있어요

이젤이 내일을 붙들고 있어요

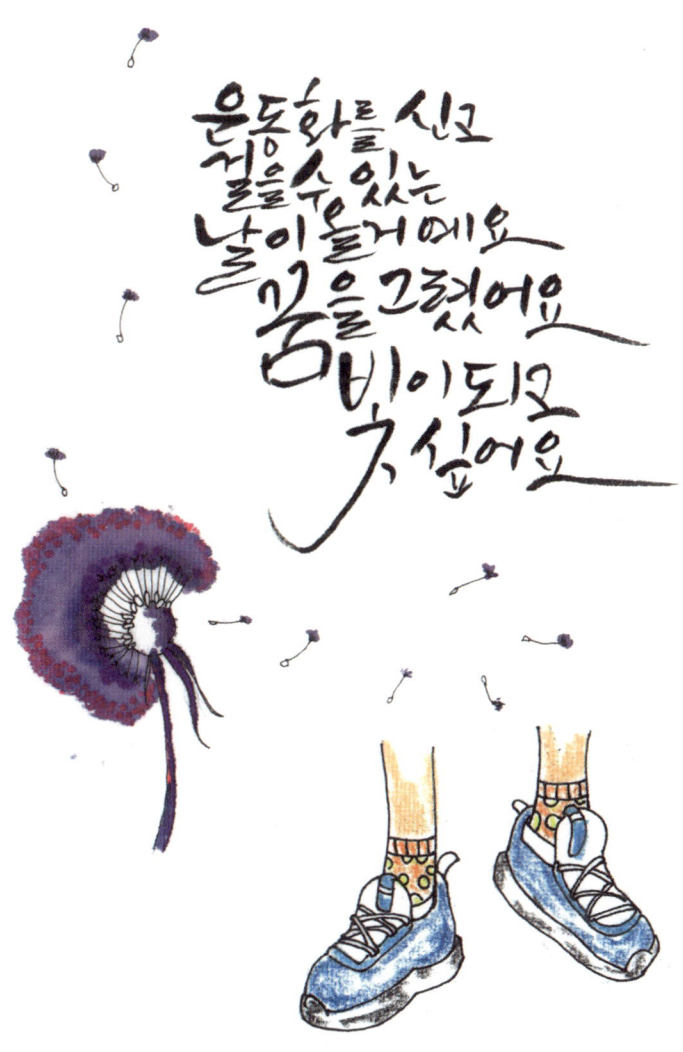

질문의 문

답다, 라는 말 속에는
모든 경계를 허물고 싶은
욕망이 숨어 있다

여자답다
계절답다
생각답다

10월 한파는 한파다워야 하는가
세계를 흔들고 있는 코로나19는
코로나19다워야 하는가

웃고 싶은데
함박웃음으로 배짱 좋게 담장을 넘고 싶은데
한여름에 첫눈 같이 설레고 싶은데
생각의 각을 벗고 생을 터치하고 싶은데

시대의 편견이 쌓아올린
박물관에 박제된 유물 같은

2부_포구에서 포부를 펼치다

고집 같은
눈을 벗어던질 때

질문다운 질문이 쏟아진다

영취산

펭귄들이 모여든다
남극의 날씨를 견디겠다고
작게
더 작게 몸을 웅크린다
허들링
허들링

진달래기 모여있다
화학연기 견디겠다고
가까이
더 가까이 마음을 웅크린다
허들링
허들링

강한 생명에는
진한 향기에는
견뎌낸 온기가 피어 있다
웅크린 체온이 피어 있다

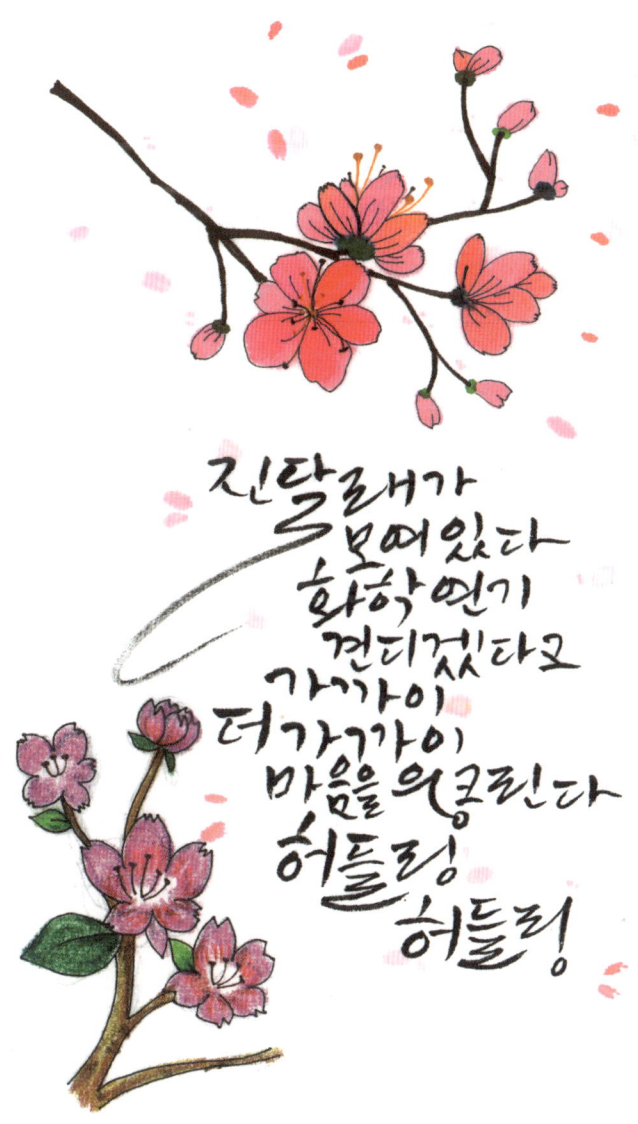

환경도서관에서

시詩가 낭송되는 재능기부의 밤
대금이 연주되고
별 이야기가 펼쳐지고

내면의 생각들이
둥글둥글 빛나서
너를 비추고
니를 비추고

토성까지 번져갈 때

닿을 수 없었던 꿈이 피어나네
손뼉 치며 웃음 치며
내일이 다가오네

별만큼 넓은 가슴으로
신의 숨소리를 듣는 밤

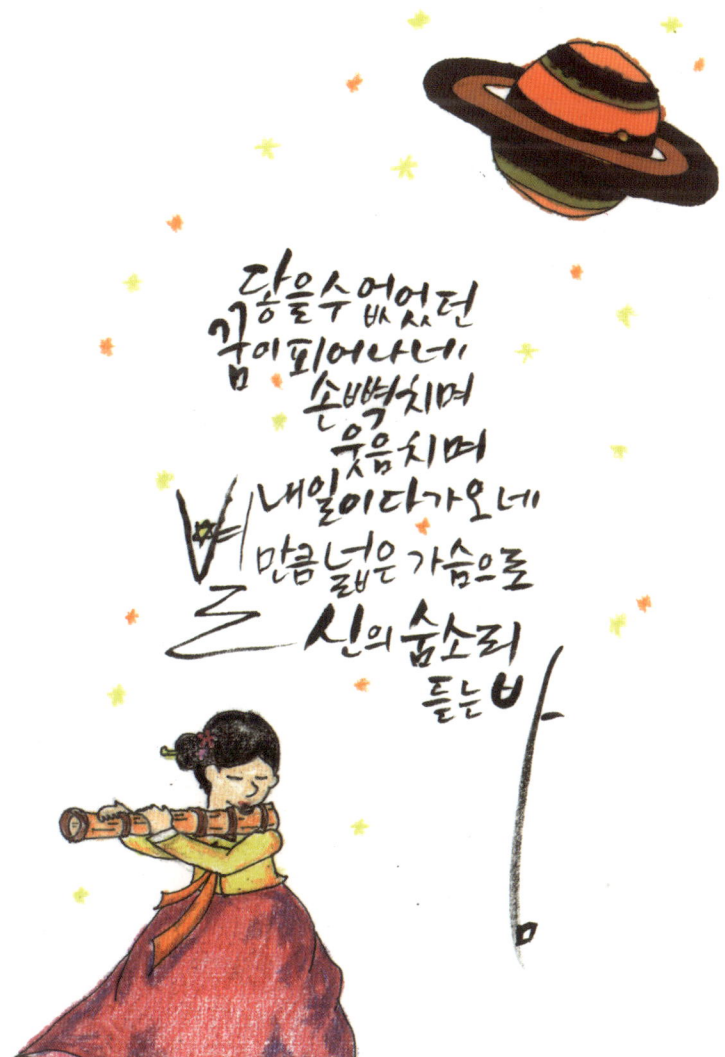

현암도서관

가사문학 산실 찾아 문학기행 떠난다는데
깁스한 다리를 데리고 책 속에서 길을 찾는 여자
연암 기행이나 떠나볼까 하다가
박경리를 뽑아 든다
목적지는 열어두고 목차를 펼친다
묵은지 같은 사상을 만나고
행간에 스며 있는 웃음도 훔친다
참참힌 내먼으로, 내면으로 길어 들어가
대쪽 같은 삶을 엿보고
허락도 없이 껴안고 뒹군다
울고 웃었다

소쇄원으로 출발한다는 문자가 달려오고
가을을 차려입은 사진들이 전송될 때
도서관 옆
모과나무 가지에 웃고 있는 글자들
떨어진 낱말 몇 개 보듬고 있다
내면 기행은 문학보다 빛난다

행간에 스며있는
웃음도 훔친다
촘촘한 내면으로
내면으로 걸어들어가
대쪽같은 삶을 엿보고
허락도 없이
껴안고 뒹굴었다
올 곳은 없다

지역아동센터

이월을 펼쳐놓고
새벽이와 책을 읽네
냉기를 머금은 동백나무와
손톱에 낀 검은 별이
눈을 여네

'도깨비방망이가 뭐에요'
'무엇이든 만들어주는 요술 방망이지'

'엄마도 만들 수 있어요'
'암 치료약도요'

울타리 밖에서 서성이던 눈빛
페이지를 넘어오다 글썽이네
졸고 있던 가랑비는 폭우로 몸을 바꾸고
입술을 다물지 못하네

눈물이 방망이를 두드리네

금오산

키를 넘는 바람 곁에
서로 마음 부비며 서 있는
억새를 봅니다

봄부터 햇살을 흔들다
놓아야 할 때를 알고
손을 털고 있습니다

능선을 휘감았던
고집도 버리고

벼랑에서 올라오는
예불소리
속으로 속으로 새기며
가을 문밖을 나서고 있습니다

갓길의 내재율

고명으로 곁들여진 입담이 마음을 불러 모은다

고샅길을 거쳐 나 온 풍경
눈과 귀의 평수를 늘리며 차오른다

빌딩 숲에선 보이지 않던
헐렁해진 생각이
저물어 가는 놀산 바닷가 근처
잔물결 여울지는 기다림을 부려놓고
발길에 뒤채이는 이름을 불러 모은다

함빡 드러낸 성근 이齒와
바람의 쇄골에 걸린 주름이
장엄해지는 시간

썰물의 바다가 하모니카 소리로 출렁이고
굽이굽이 돌아 나온 세월의 안감 속에서
가을 하늘이 펼쳐진다

2부_포구에서 포부를 펼치다

허리 끈이 풀어져 속살 한 줌 드러난다 해도
흉보는 이 없다

어린이 꿈터

글자를 읽지 못하는 다섯 살 아이
첫 페이지 펼치더니
나비 제비 데리고 산으로 간다
꽃 위에 앉았다가 꽃으로 낯을 씻고

첨벙첨벙 물속으로 들어가

꿈을 데리고 나온다

글자에 갇혀 있는 나보다 보폭이 깊다

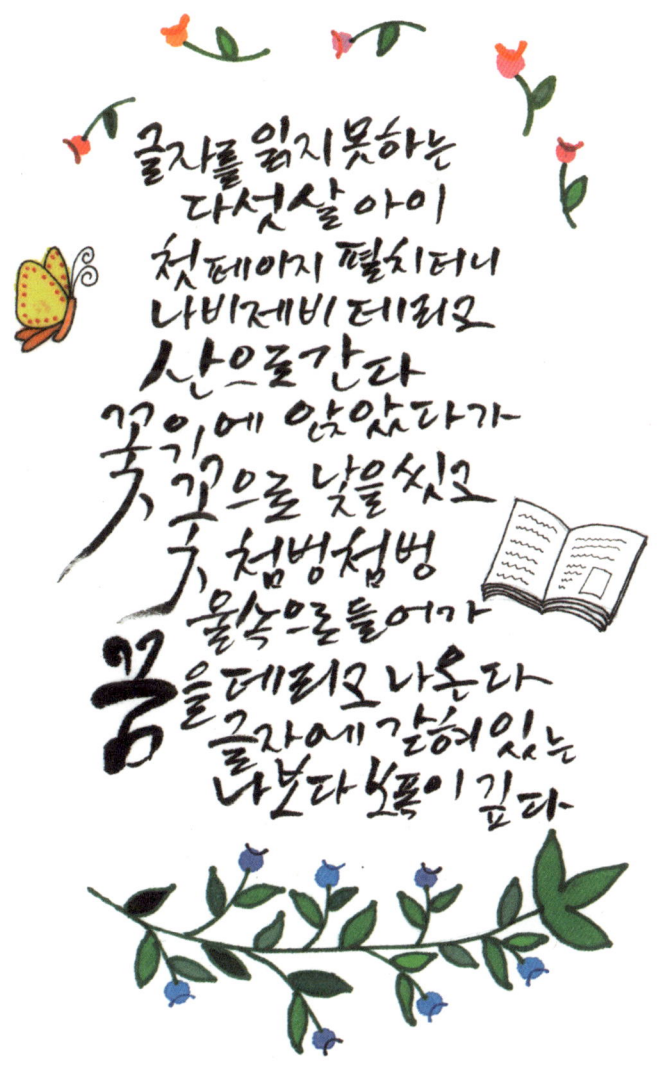

이끼의 순간

습기의 시간은 간절함으로 푸르다

향을 피우고
당신이 좋아했던 얼굴이 자리를 잡아갈 때
기억 저편에서 습기가 몰려온다

꽃대 무성했던 봄과
계곡에 차고 넘쳤던 웃음소리

멈춰 선 시간이 축문으로 향해갈 때
눈으로 번져오면서 살아나는 이끼
물기에 젖어 있는 어린 바람은
속 썩을 일 없는 그곳 생활과
끼니보다 먼저 찾아오는 통증은 사라졌는지
두서없는 독백을 풀어놓는다

지상에 없는 적막의 시간이 펼쳐지고
반쯤 열린 문틈으로 북풍이 기웃거릴 때
푸른 촛대가 잠시 눈을 감아준다

2부_포구에서 포부를 펼치다

바닥에 엎드린 손孫과
키를 낮춘 촛불이
축문에 내려앉은 습기를 받아낸다

추석 무렵

보육원 운동장이 하늘을 보네
양팔 벌리고 올려 보네
하하하
호호호
웃음소리 가득하네

달빛이 팔 벌리고 내려오네
호호호
하하하
가슴 열고 내려오네
웃고 있는 천사 품에 안기네

달빛이 팔벌리고 내려오네
호 호 호
하 하 하
가슴떨고 내려오네
웃고있는 천사품에 안기네

3부

검은 바다 눈 뜨는

검은 바다 눈뜨는

동백꽃이 피어나
향기 젖은 말을 모래 위에 쓰고 있다

역사 앞에서
이념의 회초리 앞에서
꿋꿋하게 당당했던 젊은 사내가

검은 바다에 묻히던 날

빗속에서 함께 울었다던
동백꽃 동백꽃

모정母情은
동백꽃을 가슴에 새기면서
젊은 영혼도 어디선가 피어나길 원했겠지
꽃피길 원했겠지

하늘을 향해 긴 이야기를 쓰고 있는 저녁
파도가 해안선을 데려와 기웃거릴 때

3부_검은 바다 눈 뜨는

싸르륵 싸르륵
눈뜨는 소리가 바다를 덮었다지

영혼의 눈들도 일제히 뜨고 열려
아침을 끌고 왔다지

밝게 빛나는 바다의 혜안
마래산 언덕에도 새날이 열렸다지

마래산 언덕에도 새날이 열렸다지

꿈속에 그려보는 항해일지

마래산 중턱이 뒤꿈치를 들어 올린다
손차양을 끌어와 동공을 넓히고
한 점 섬광처럼 가물거리다 그리움으로 흩어지는
남해 남단하고도 무인섬
무인섬

천둥 같은 동백꽃은 피었다 지고 피었다 지고
썰물처럼 밀물처럼 흔들리면서 흔들리지 않으면서
칠십여 년을 벅수 같이 견뎌온
뜨거운 이름을 불러봅니다
우리 가슴에 영원히 살고 있는 당신을 위하여
여순사건 특별법이라는 성찬을 보듬고
꿈속에 찾아가는 그리운 여정

총구 같은 돌풍을 만나면 한 발 물러섰다 가고
붉은 사상이 파도처럼 밀려오면 외돌아서 가고
눈물이 쌓여서
쌓여서 바다가 짙어지면
눈물로 노 저어 가고

3부_검은 바다 눈 뜨는

꿈이 모여서 꿈 같은 세상을 이룬다는데
만장 앞세우고 달려가는 애기섬
아버지 나이를 훌쩍 넘긴 역사는
갈매기 울음소리만 들려줄 뿐
난바다로 쓸려간 끈 떨어진 바윗돌을 더듬고 있다

얼굴 없는 얼굴을 보듬고 있다

얼굴 없는 얼굴이 웃고 있다

탑 송이 붉은

천 송이 염원을 기단으로 둘렀다
홍국사 백팔탑을 밝히는 환한 얼굴들
무슨 간절함으로 달려왔는가
고향 떠난 이주민 눈동자를 닮았다
몸이 흩어지면서 뿌리는 두고 갔는가
남새밭에서 대문간에서 맞잡던 손
꽃무릇 앞세워 무더기로 찾아왔다
붉은 입술 삼일네도 보이고 중홍댁도 보인다
칠십 평생 고개 숙이면서
마음 숙이면서
꽃 따로 잎 따로
안녕을 묻고 있다

밤손님낮손님좌익우익연좌제빨갱이내통한다는말도손가락총도탕탕때려눕히고눈물없는귀천없는세상만들어주소눈물없는귀천없는세상만들어주소

어젯밤 기도가 꽃으로 피었는가
붉은 마음 탑돌이가 한창이다

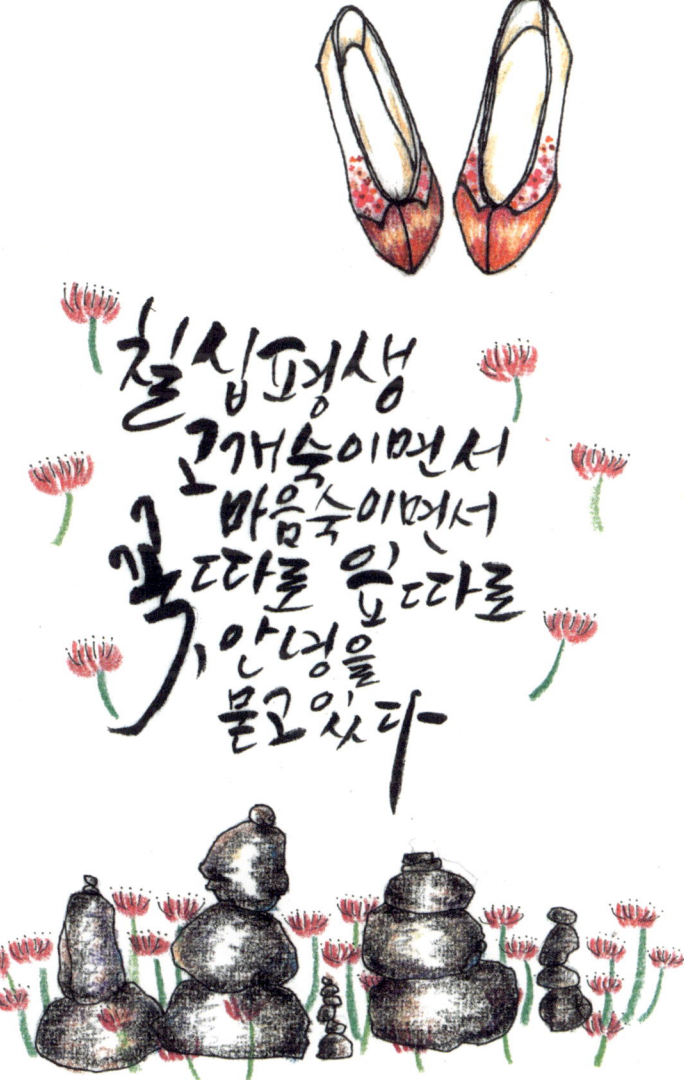

안 와, 해가 바뀌어도 안 와

탕 탕 탕

암 그렇지 무죄지 무죄야
여순사건 72년 만에 무죄 선고받은
철도원 장환봉 씨
우울증을 앓고 있다는 부인 진점순 씨는 당당했다
주먹을 꼭 쥐었다

원래 착했어
티끌만큼도 잘못이 없었당께
순천역에서 근무하다 끌려갔는디
안 와
밤이 되어도 안 와
돌쟁이 딸을 옆구리에 끼고 절반은 미쳐서 찾아나서도
까만 창고에 가뒀다는 소문만 무성할 뿐

안 와
한숨으로 되돌리는 세월 속에는
26살 새색시와 젊은 남자가

한 살 세 살 딸들 곁에서 활짝 웃고 있다

좌익도 우익도 아니었당께
가정을 지킨 가장이었어

응달에 쌓여있던 눈이 녹고
시신도 찾지 못한 조릿대기묘를 향해
국가도
역사도 고개를 숙인 날이었다

문패를 달다

만성리 바다가 축문으로 올라앉는다
철썩이며 찾아오는 기념일
마래산 깨우는 기적소리에도
먼저 뒤척이던 바다

손가락 총에 넘어진 동백
눈 감고 70년
입 닫고 한세월
또
또

기다린다

기다린다

상량에 새겨질 그날

밤꽃이 둥지를 틀고
가슴에 차오르던 천수는 검은 바다가 되었다

3부_검은 바다 눈 뜨는

별빛 쏟아지는 계절이면
우리 집 울음을 대신 울어주던 바다

검은 모래야
누가 고통의 깊이를 재는 일을 맡겼느냐
검게 탄 가슴에 맞불을 붙였느냐

말줄임표 비문에 문패를 달아다오
봉긋하게 솟아있는 정신을 새겨다오

정신을 새겨다오

석탑의 꿈

돌탑에 뒹구는 천년 바람은 눈물의 다른 이름

퇴근길에 끌려간 젊은 가장이
애기섬에 수장되었다는 풍문을 듣고
흥국사 돌탑을 찾았다는 그녀

가슴에 터를 잡고 있는 돌덩이를 꺼내 탑을 쌓고
긴요한 눈물의 세월을 쌓고

붉게 타버린 세상
더 이상 울음이 되지 않을 때
석탑에 새겨진 경전 같은 염원을
속으로 속으로 되뇔 때

날 선 글썽임도
향기로 생을 버틴 꽃무릇도
애기섬을 지키는 수호탑이 되었다지
무량한 넋으로 살아가는 백팔탑이 되었다지

혼자가 아니야

그대는 잔디를 덮고 누웠고
나는 깔고 앉았네

혼자가 아니라는 말은
얼마나 많은 것을 품고 있을까

조각구름은 그림자를 넓히면서
마래산을 향해오네
바위 뒤에 참꽃이
울다가 웃다가
가슴팍을 쥐어뜯다가
눈을 뜨고도 말하지 못하는 진실 앞에서 또 무너지네

봉분 위로 달빛이 쏟아지고

하나의 물음에 하나의 답만 있는 건 아니지만
죽어서라도 형제처럼 지내라는 염원 속에서
같은 꿈을 꾸는 이유를
그대는 알고 있겠지

만성리 바다는 세상을 들어올릴 듯 출렁이는데
나서지 않았네
나서지 못했네
맨손으로 방아쇠를 막아낸 그대 뚝심 앞에
성찬을 올리네

푸른 정신이 살아있는 형제묘가 성지가 되고
역사가 바로 서는 오늘
잔디야 맘껏 푸르러라
참꽃아 맘껏 붉어라

말랑말랑한 침묵

다툼 없이 피어나는 동백꽃을 보면서
마음 가는 대로 출렁이는 물결을 보면서
단단한 울타리가 전부였던 그때

사진 속 웃음은 손가락질에 숨을 멈추었고
울음으로 끼니를 채우던 울타리는
함성보다 많은 말을 가졌지만
심해처럼 거대해지는 침묵을 품기로 했다

진실 앞에 수식어는 허울뿐이라 했던가
검은 물결이 출렁출렁 살아나던 날
꾹꾹 눌러 참아도 삭아지지 않는
나서지 말라는 말랑말랑한 말이 화석보다 단단해지고
좌우로 흔들리던 역사의 바깥은
어둡고 무거운 통점 같은 고백으로 출렁였다

해초는 해초대로 멸치는 멸치대로
일가를 이루며 둥지를 지키는 시간
해원의 바다에는

3부_검은 바다 눈 뜨는

애기섬을 밝혀주는 여린 별들이 살랑거리고
부서지면서 단단해지는 은하의 물결이 넘실거리고
끌어안고 품어주는 대동 세상으로 출렁거린다

바다가 끝이 있다는 말은 편견이다

4부

꽃섬에 들다

장군도, 비문碑文의 시간

중앙동 1번지*에 살고 있는 고립을 위무하려 해
전사의 가슴팍을 빠져나온 잔망스런 연가를 꺼내 부르려 해
빗줄기가 다문다문 바다를 두들기듯
비문에 새기지 못한 뒷이야기를 들으려 해

물 위에서 날렵해지는 몸은 태생적이 아니었는지도 몰라
여수의 시선을 중앙으로 붙어놓고
수성水城의 머릿돌을 지킬 때
파도의 뼈를 빌려 불안을 위안으로 바꿔 불렀던 적 있었지
육질의 날을 세우고 꿈틀대는 그리움은
칠흑 같은 물살에 이마를 찧게 했고
갈매기 날개 위에 몸을 실어 봐도 휘어지지 않았어
바다를 끌어당기며 몸집을 키워나갔지
그럴 때마다 중앙동 어귀를 기웃거렸고
돌산대교로 향하는 달빛을 끌어와
 사방에 꽃을 두르고 물을 부르고 아득해지도록 연가를 부르기도 했었지

역사를 돌아 나온 시간은 후렴으로 빛나고

비문에 새길 수 없는 문명사는
누군가를 지키려는 간절함으로 출렁거렸어

우뚝 선 고립이 장군처럼 웃고 있었어

* 여수 앞바다에 자리 잡고 있는 섬, 장군도.

단단한 젖
— 사도에서

공룡이 살았다는 남도 해안가
젖샘 바위*에 젖이 돌고 있다

함몰된 젖꼭지로 육 남매를 키웠다는 그녀
발자국처럼 남겨진 젖을 만지면서
오랜 홍적의 시간을 돌이켜 본다

육 남매 중 막내를 실학자로 키워냈다는
자부심으로 매달려 있는 젖

허기진 몇 날을 가슴에 품고서
젖 물이 나오길 소원했다던 넋두리 저쪽에는
젖샘 바위가 단단한 유두를 세워놓고
꼿꼿이 앉아 있다

세기의 가난을 다 거두어 먹이고 빨린
젖꼭지가 살고 있다

* 출산 후 젖이 부족할 때 치성을 드렸다는 전설의 바위.

젖물이 나오길
소원했다던
넋두리 저쪽에는
젖샘바위가
꽂꽂이 단단한 유두를 세워놓고
꽂꽂이 앉아있다

비렁길*에서 만난 시간

바닥에 떨어지는 빗소리가 마음에 묻히기도 한다

구부러진 길이
마음을 풀어 헤친 해무가 되어
고찰古刹 쪽으로 바다를 건너려 할 때

층층나무 속에서 튕겨 나온
바람의 씨알이 노니는 벼랑의 풍경

가끔은
엇나가고 싶어지는 생의 갈림길에서
지난해 놓쳐버린 봄
방풍 어린잎으로 돋아날 것만 같아져

파도는 절벽을 밀쳐내면서
위태로운 세상 이야기를 건네주기도 하는데
벼랑으로 올라오는 꿈을 만나기도 한다

* 벼랑길의 토속어.

파도는
절벽을 밀쳐내면서
위태로운 세상이야기를
건네주기도 하는데
벼랑으로 올라오는
꿈을 만나기도
한다

개도蓋島 사람길

개망초 흔들림이라든가
해풍으로 풍겨오는 막걸리 변천사라든가
아이 같고 절벽 같은 노래를 꺼내 부르고 싶은 곳
생태계를 다시 쓰겠다고
동학혁명의 끝자락을 들추지 않아도
먹이사슬을 풀어헤치는 파도 앞에
문헌보다 전설보다 선명하게 남아있는 숯가마 터
뭍에서 흔들렸던 미음
바다 허수아비 곁에 세운다
태평양 자락을 기웃거리면서
돌풍과 우레를 견딘 뱃심들
갯일 나간 주인을 기다리는가
빈 지붕이 펄럭인다
남도 장가계라는 별칭을 품고 살아가는 개도사람길*
열列에서 벗어나 한참 벗어나
아찔한 절벽 같은 장단을 펼치고 있다
개도사람길에는 사람만 사는 게 아니었다

* 개도사람길: 개도蓋島 해안 둘레길.

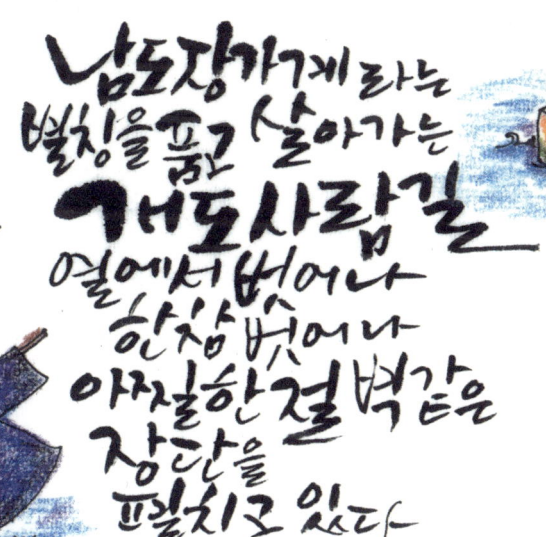

남도장가계라는
별칭을 품고 살아가는
개도사람길
열에서 벗어나
한참 벗어나
아찔한 절벽같은
장관을
펼치고 있다

경도, 풍경 깊은 집

하모요
하모*요

동네 가게에서는 맛볼 수 없는 것이
경도, 장어촌에는 살고 있다는데

넘쳐 나는 추억으로
하루에 두어 번 방류를 한다는네

옛사랑이 몸을 열고 들어 와
무엇이든 통째로 삼키고 싶어질 때
팔팔 끓는 열정 속에서 살꽃을 피어내기도 한다는데

희미해진 기억이 피어날 즈음
그만
생의 첫 배를 놓치고 말았다는데

* 그래 맞다, 맞어(지역방언). 갯장어 일본식 표현.

작금 등대*

삼각대를 펼쳐놓고
어둠을 조율한다
갯바위에서 졸고 있는 파도
셔터 소리에 기지개를 켜고
렌즈 속에서 터를 잡은 냉기는
붉은 열정을 끌어앉는다
언젠가는 잘될 거야
잘될 거야…
마음속으로 걸었던 주문이
심해深海 한 점으로 붉어지고
렌즈 속 풍경과
마음속 풍경이 하나가 될 때
실업도
먹구름도 훼방꾼이 되진 못한다

새해 첫날
붉은 꿈을 꾸는 이유를 알겠다

* 돌산에 있는 지명, 일출 광경이 뛰어남.

오동도

집으로 돌아가기는 틀렸네
들썩이는 장바구니와
우울한 신문 피해 지신지신 걷고 있네

맘속에 일렁이는 파도와
세상으로 번져오는 갯내가
발길을 재촉하네

섬이라고 햇살도 앉지 않았다는데

동박새가 날아와 둥지를 틀었네
둥지를 키우고 있는 동백
갯바람 풀어 향기를 피우고 있네
허공에도
바닥에도
탯자리 같은
묘비 같은
향기가 피어나네
집으로 돌아가기는 틀렸네

두 자를
키우고 있는 동백
갯바람결에
향기를 피우고 있네
허공에도
바닥에도
탯자리같은
묘비같은
향기가 피어나네

달빛은 굴개* 마을을 보듬고

예닐곱 가구가 등 맞대고 그물처럼 살아가는 포구
낚싯대에 봄밤을 매달고 건너간다
물때는 일곱 물
반쯤 감고 있는 달빛은 구름을 밀쳐내고
갈매기 울음소리는 적막을 깨운다
짭조름한 물비늘 같은 외딴 서풍 속에서
능선을 펼치며 후렴으로 달려오는 소쩍새
결집을 내쌨다고
화두를 낚겠다고
사투리 엇박자 위에서 헛손질을 하고 있다
달빛을 늘리고 있다
주고받는 눈빛도 소음이 되는 고요
물이랑에 내려앉은 달빛
외진 모퉁이처럼 겉돌고 있는 침입자를 비추고 있다

* 여수시 화양면 바닷가 마을.

미평 편백 숲

사람들이 모여서 시를 낭송하고
하모니카 음이 섞이면서 살랑댄다
바람처럼 풀꽃처럼 박수가 터지고
닫혔던 마음이 허공으로 허공으로 올라갈 때
먼 곳을 향해 젖어드는 눈시울
새들이 노래를 품고 날아가고
기타를 튕기던 다람쥐는
화들짝 놀라면서 볼우물을 넓힌다
두꺼운 안경을 쓴 아이도
지팡이에 얹어진 세월도
사람 꽃으로 태어난다
찡그린 어제와 희미했던 미래가 웃음으로 피어나고
휠체어를 밀고 있는 어린 손
수원지에 비치는 풍경에 폭 안긴다

103 4부_꽃섬에 들다

두꺼운 안경을 쓴
아이도
지팡이를 짚고 있는
사람도
숲에서
사람꽃으로
태어난다

장맛비

하필이면 같은 날
수송아지의 울음소리가 들려왔다
방 안에서 셋째 딸을 낳아 놓고 있었는데
어제까지 아무 일 없었던 마구간에서 수송아지가 태어났다
부엌에서는 미역국이 끓고 있었지만 어딘지 서러운 눈물
맛이 넘쳐났다
젖으로 돌아야 할 물기는 밖으로 넘쳐서
빗줄기로 이어졌나
푹 꺼진 아랫배 근처까지 빗물이 고여 들었고
허기가 몰려와서
질척이는 눈물이라도 받아먹고 싶었지만
한가롭게 되새김질하고 있는 어미 소 자태가 부러웠다

끼니때마다 먹이 건네주면서
마음 가는 대로 부려왔던 암소에게
부러운 시선을 얹어보는데
빗줄기가 굵어졌다

바람이 세차게 불어

뒤란에 서 있던 나무뿌리가 뽑혀져 날아가는 일이 생겨나고
눈물샘 하나 미처 다스리지 못하여 빗물 져 흐르는
그런 날이었다

꽃섬에 들다

삶의 풍랑에서 길을 찾고 있을 때
꽃샘 허리에서 몽글몽글 피어나고 싶을 때
꽃섬에 든 적 있었지
꽃섬 꽃섬 따라 부르며
향기로 출렁거렸던 적 있었지

꽃섬 다리 아래에서 한 송이로 훌쩍이다가
젖 문 같은 막걸리를 홀싹이다가
시짓골 전망대 지나 시 한 편 읊조리다가
사람을 향해 끄덕끄덕 선모초로 흔들렸지

순넘 밭넘* 넘고 넘어
반짝이는 수평선 넘고 넘어
타령조 푸념조 어깨춤에 매달고 썸타던 그 때

뭍에서 밀려오는 막막한 물결도
파도에 밀려가는 뗏목 같은 숨결도
저녁이 벗어놓고 간 단단한 그제도
섬으로 피어났지 꽃으로 피어났지

넉살 좋은 꽃밭에 파도를 심어 놓고
뱃고동 소리에 하늘빛 꿈을 매달고
물굽이 펼치며 무장무장 피어나는 섬
한배 타고 거닐면서 쉼을 낳고 있는 섬

그 섬에 든 순간 너도나도 꽃이었지

* 순, 이라는 사람의 밭이 있던 작은 고개.

해설

보이지 않은 것을 건너다보는 융합의 시쓰기
/
신병은

보이지 않은 것을 건너다보는 융합의 시쓰기

신병은
시인

깨가 쏟아지도록 걷고 걸어 볼 일이다
꿈을 꾸듯 농담하듯
세상을 향해 끊임없이 어룽대면서
사랑을 키워볼 일이다

스쳐가는 손길을 놓칠까 두렵다
젖은 손이 되어
젖은 숨결이 되어
고요라는 그물을 둘러친다
감동이 오는 순간, 순간이 순간에게 주는 눈길을 받아 적는다
맘 길에 돋아나는 새싹처럼

김정애 시인의 시세계를 한눈에 들여다볼 수 있는 〈시인의 말〉이다. 걷고 걸으면서 꿈을 꾸듯 농담하듯 세상의 사랑을 키우고, 고요라는 숨결을 삶의 주변에 둘러치고 감동이 오는 순간, 삶의 순간순간이 주는 눈길을 놓치지 않겠단다.

그리하여 맘 길에 돋아나는 새싹이 되겠단다. 그의 창작은 굳이 시를 쓴다는 개념에 앞서 일상의 순간순간에 만나는 감동을 꿈을 꾸듯 농담하듯 사랑의 즐거움으로 키운 것이라고 말한다.

가만히 생각해보면 우리가 얼마나 사소한 것들과 살고 있는지를, 사소한 것들에 기대어 우리가 살고 있는지, 그리고 그 사소한 것들이 얼마나 위대한 것인지가 새삼스러워진다. 한 평생이 지나고 나면 아주 사소한 일들의 연속이었다는 것, 거창하다고 몇날 며칠을 밤새워 고민했던 일들도 지나고 보면 사소한 것의 하나였음을 알게 된다.

세상의 모든 삶은 그 사소한 삶의 선상에 놓여 보폭을 같이 하고 '맘 길에 돋아나는 새싹처럼' 새롭지 않은 날도 없다. 보이는 것 너머 보이지 않은 것을 들여다 보는 시 쓰기는 사소한 것들의 재발견이자 관점이다.

관점은 시인이 어디에서 어떻게 바라보느냐는 패턴 인식의 문제이자 포지션의 문제다.

'이것에 대한 당신의 포지션은?'

포지션은 어떤 삶의 문제에 부딪힐 적마다 서는 위치다. 그것은 시간과 공간이면서 가치관과 세계관의 문제다. 그래서 우리 삶은 정답이 있는 것이 아니고 새로운 관점만 있다는 말에 동의하게 된다. 포지션이 바뀌면 생각이 바뀌고 언어가 바뀌게 마련이다. 시의 발견은 패턴과 포지션의 문제다.

김정애 시인의 시편들은 페턴과 포지션에 따라 만난 의미 체험이자 풍경 체험으로 독자로 하여금 새로운 언어 체험까지 가능하게 한다. 인문학적 관점과 자연과학적 관점, 사회학적 관점을 넘나들며 자유롭게 협업한 융합의 결과이기 때문이다. 그녀의 융합은 이미 알고 있는 모든 지식의 경계를 가로질러 넘어가는 작업으로, 기존의 틀을 깨고 이전에 없던 새로운 방식으로 대중의 소통과 공감을 이끌어낸다.

　김정애 시인의 융합은 여러 가지를 합하는 개념이 아니라 새로운 다양한 세계로 나아가는 전술적 사고로 서로 다른 것을 통합하여 새로운 언어를 창출하는 나눔의 미학이다. 즉, 누구나 경험한 것에서 누구나 경험하지 않은 이야기를 끄집이낸다는 것, 순수하게 자신의 경험으로 발견하고, 일상적인 시각을 현미경적 시각으로 관찰하고, 자신의 눈을 대상과 병렬시킴으로써 낯선 인상을 준다는 점이다. 그래서 그녀가 만나는 낯익은 것들은 한결같이 낯선 언어가 되어 다가오게 된다.

　그녀의 융합은 하나의 여럿이다. 그래서 이번 시집은 시인의 삶에 대한 관점의 이동뿐만 아니라 장르의 이동까지 시도한다. 시와 캘리의 만남은 서로의 안목으로 서로의 안쪽을 들여다본다. 삽화 작가는 시인과 모녀지간이지만 친구로서 독자로서 서로를 들여다보게 되는 매력적인 만남이다. 이 얼마나 신나는 일인가?

　엄마의 생각에 딸의 조형을 살짝 기대고, 딸의 시선에 엄마의 시선을 기댈 수 있다는 것만으로 독자를 행복하게 한다. 시는 시인이 쓰지만 시를 완성시키는 것은 독자들의 안목이다. 직접 창작에 임하는 시인의 안목보다는 시를 완성하고 마침표를 찍어주는 독자의 안목이 더 중요하다. 이점에서 두 모녀의 만남은 시적 완성도를 높여주는 새로운 관점과 안목으로 성숙한다.

> 소원을 꺼내 놓기 전에는 아찔한 절벽이었다
> 남해로 향해 가는 거북이 피워 올린 신전이었다
> 해를 향해 천문을 열어놓고
> 동백 향기 쥐었다 편 사이
> 독경 소리 굽혔다 편 사이
> 바람 자락에 구름 앉았다 간 사이
> 가벼워지는 마음
>
> ―「향일암」 전문

시적 표현은 하고 싶은 말을 다하지 않는 것, 할 말만 하는 것이다. 향일암의 절경에 대해서는 이미 잘 인지하고 있고, 또한 향일암에 대한 시는 헤아릴 수 없이 많다는 것도 안다. 그러나 이 시 만큼 향일암의 인상을 간결하면서도 그 본질을 잘 짚어낸 시도 드물 것이다.

'해를 향해 천문을 열어놓고 / 동백 향기 쥐었다 편 사이로 / 독경소리 굽혔다 편 사이로 가벼워지는 마음.' 이처럼 몇 마디로 향일암을 다 말한 시를 본 적이 없다. 말하지 않고 말하는 직관이리라.

  김정애 시인의 언어는 이렇게 함축적이면서 유추의 포지션에 기대어 있다. 경험이 곧 언어고 언어가 곧 존재다. 직간접적인 경험은 곧 언어가 되어 내 안에 저장된다.

  대상과 현상에 대한 관점의 이동이 낯선 경험이 되고, 그것이 또한 새로운 의미가 되고 새로운 언어가 된다. 경험이 많을수록 내가 가진 언어가 많아지고, 내가 소유하는 언어가 많으면 많을수록 말부림의 폭이 넓고 깊어지기 마련이다. 그 언어적 체험의 깊이와 너비가 유추, 연상의 수준과 스펙이다.

  '능선을 휘감았던 고집도 버리고/ 벼랑에서 올라오는 예불소리/ 속으로 속으로 새기며/ 문을 나서는' 「금오산」에서도 언어의 스펙을 만날 수 있다.

  그녀가 어떻게 이처럼 자유자재로 새롭고 공감있는 말을 불러낼 수 있는지 경이롭기까지 하다. 새로우면서 낯설고 감동을 주는 화법, 낯선 경험에 의해 낯선 언어를 창조하는 스펙이다.

    간肝과 간鹽 사이에는 바다가 출렁인다
    맵고 짜고 달고 시고
    혀끝에 꽂히는 맛보다 강하게 끌어당기는
    간을 본다는 말
    처음 눈에 들어오는 사람과의 거리 같은 맛

해설_보이지 않은 것을 건너다보는 융합의 시쓰기

돌쟁이를 안았을 때
눈동자끼리 파닥거리다
울어야 할지
웃어야 할지
그렁그렁 맺히는 눈물 같은 맛
까르르 웃어 재끼는 잇몸 같은 맛

마음에 겉돌던 매운 사람
입 안에 머금고 궁글리다 보면
물빛같이 어우러지는
우리라는 맛

맘속에 스미고 스며서 바다로 깊어지는 맛

간鹽과 간肝 사이에는 바다가 출렁인다
  ―「간보다」전문

 간鹽은 음식물에 짠맛을 내는 소금기이고, 간肝은 몸의 간장을 뜻한다. '간보다'란 말은 '남의 속뜻을 살며시 헤아려 보다, 짠 정도를 맛보다'의 의미로 다양한 관용적 의미를 지닌 말이면서 인간의 관계성을 드러내는 말이다. '간肝과 간鹽 사이에는 바다가 출렁인다'에는 그런 중의적 의미가 함축되어 있다. 사람과의 거리 같은 맛, 눈물 같은 맛, 웃음 같은 맛, 우리라는 맛의 관계성이 마음 안에 스미고 스며서 바다로 깊어지는 맛이다.

 우리 삶이 일상 이상도 이하도 아닌데도 공감하게 되는 것은 누구나 일상적으로 사용하는 언어이기 때문이다. 독자들의 가슴에 이미 내장되어 있는 언어를 불러내었기 때문이다.

 모든 시는 시인 자신은 물론 독자에게 의미심장해야 하며, 그렇게 되기 위해서는 많은 사람들이 경험한 내용에 안겨 있는 낯선 의미를 발견하여 제시할 때 가능하다. 그래서 시 창작의 낯설게하기는 '일상사 속의 일상사', '일상어 속의 일상어'를 발견하여 이것으로 전혀 다른 영역의 저것을 보는 일이다.

 시를 시답게 하는 것 또한 시 속에서 다양한 경험과 그 언어를 체험하게 하는 것이다. 하나에서 여럿의 관점을 풀어내는 그녀의 안목은 세상을 새롭게 바라보는 창작의 전술이 된다.

  빗방울에 몸을 맡긴 잎새
  멀고도 오랜 세월을 데려오는데
  섬을 키우고 있는 쑥과
  매화에게 눈을 올려본다

  지난가을
  북쪽으로 날아간 철새들이
  매화꽃으로 사뿐히 앉았다고 여겨질 때

어느 해
땅속으로 돌아간 영혼의 숨소리가 들려온다

섬이 쑥 쑥 자란다

—「진섬 꽃동산」 전문

  예술의 섬 장도를 건너는 다리는 소라고둥이 꽃게를 앞세우고 앞서 걸어가는, 하루에 두 번 물길이 열리는 잠수교다. 시인에게 여수 '진섬'(장도)은 다양한 언어 경험으로 다가온다. 낯익은 풍경 속에 깃든 낯선 언어를 만날 수 있는 정겨운 마실길이 있고, 멀고도 먼 세월의 원형성이 간직된 섬이면서 영혼의 숨소리가 들려오는 섬이다.

  '다리에 간꽃이 피고 빗장 걸린 향기가 출렁이는 섬. 바다 속 안부를 널어 말리는 사이로 하루에 두 번 물꽃이 피는 섬'이고, '풀물 가득한 손톱에 간물 겨입은 아버지의 가슴에 소금꽃을 피우는 섬이면서 빗장 열린 향기가 웃음으로 출렁이는 섬'이다. 그래서 시인의 가슴에도 진섬을 찾는 사람들에게도 날마다 자라는 섬이면서, 시인에게는 관계의 인문학으로서의 섬이다.

  이점에서 김정애의 시는 무엇보다 세상을 이해하고 사랑하기 위한 긍정의 관점을 출발점으로 하여 일상 속 삶의 표징을 발견해 보여주는 대상과 현상에 대한 인문학적 말걸기다.

'다리에 간꽃이 피어나고 / 바닷속 안부를 널어 말리는 사이 / 진섬 다리가 꽃을 피웠다.'

다리를 걷는 사람들의 가슴마다 쉼꽃을 피우는 섬이다.

그녀의 고유명사인 여수는 노자의 무위자연과 통섭한다. 무위란 자연 그대로 인위를 가하지 않는다는 뜻으로 이념이나 기준과 같은 관념의 구조물에 의존하지 않고, 세계의 변화에 따라 유연하게 접촉하려는 시도다. 그래서 세계를 자신의 기준에 따라 '봐야 하는 대로' 보지 않고 어떤 기준과 경계를 뛰어넘어 세계를 '보여지는 대로' 보게 되는 것, 그녀의 시적 안목은 자연의 객관성을 디딤돌로 시간과 공간을 초월하여 삶의 표징을 포착해내는 협업을 위한 여정이며, 자연과 인간과 시간과 공간의 근거를 재발견하려는 통섭적 안목이다.

그녀의 통섭은 삶과 자연, 과거와 현재를 종횡무진하면서 소통한다.

멸종 위기에 이름을 올린
흰발농게와 대추귀고둥
사랑나무 사이에 둥지를 틀었네

서식지를 품는다는 건
인류를 품었다는 것

둥지를 열어놓고

갈대 잎 창호에 스친 바람 소리 따라
향기 젖은 외진 처마 밑
반월을 밝히는 꽃자리가 되네

그리움 일렁이는 달빛이 찾아오면
겨드랑이에 흰발농게를 끼고
대추귀고둥 추켜세운
서식지가 열리네

우주가 열리네
　　　　　　　　　　　―「반월 밝히는 꽃자리」 전문

　이 시는 반월이라는 지명이 갖는 경계를 넘어 환경과 생태의 문제로 소통한다. 시인은 분명 봄날 반월의 유채꽃을 보러 갔을 것이고, 여기에서 지명 반월과 반달의 중의적 의미가 오버랩되었을 것이다. 그런데 꽃보다는 그곳에서 만난 멸종 위기의 놓인 흰발농게와 대추귀고둥을 통해 '서식지를 품는다는 것과 인류를 품었다는 것'의 의미를 시적 안목으로 챙겼을 것이다. 반월의 달밤에 사랑나무를 사이로 둥지를 튼 서식지가 바로 반월의 꽃자리라는 의미를 발견하게 된다. 서식지가 열리는 것은 생명을 잉태하는 우주가 열리는 일이리라.
　그녀의 시적 안목은 대상에 대한 고정된 시선을 허무는 일, 보이는 것 너머에 있는 보이지 않은 것에까지 이른다. 무

엇보다 그녀에게는 반월의 꽃보다 먼저 흰발농게와 대추귀
고둥이 눈에 들었을 것이다. 그리고는 우리가 직면한 생태
와 생존에 대한 상상으로 확장되고 있다. 김정애 시인의 시
선은 멀리 두지 않고 늘 눈 안에 든 현재를 통해 현존을 넘어
저쪽을 자유롭게 넘나들며 의미탐색을 한다.

인간은 건너는 존재다.

기존의 것을 뛰어 넘어 또 다른 새로운 세계를 향해 건너
는 존재, 즉 경계를 가로질러 넘어가는 언어 작업을 일컫는
다. 새로운 언어 만들기는 지식의 경계를 가로질러 넘어가
는 지적 작업과 인식의 한계, 고정관념의 틀을 깨뜨려 새로
운 세계로 향할 때 가능하다.

창작은 그림을 보다가 음악을 듣다가 답답해지면 지금의
한계를 건너 뛰어 새로운 시간과 공간을 만나는 일이다. 대
상을 바라보는 고정된 시선을 허물고 공간과 시간, 가치관
을 통해 낯선 저쪽을 사유하게 된다.

'건너가기'를 '반야심경'에서는 최고의 지혜 즉 '바라밀다'
라고 한다. '바라밀다'는 보살菩薩의 수행으로 현실의 생사의
차안此岸에서 열반의 피안彼岸으로 건넌다는 뜻이다. 견성의
진리를 깨닫는 해탈도 결국은 건너는 일이다.

지혜롭다는 것은 자유자재로 시간과 공간, 가치관을 가로
질러 건너다니는 일이다.

김정애 시인은 건너가는 자신을 자각하고 경험하면서 황
홀해한다. 반월과 반월, 간鹽과 간肝 사이를 잘 건너다니고,

해설_보이지 않은 것을 건너다보는 융합의 시쓰기

소리를 업고 새벽을 넘고 저녁으로 건너가는 통섭인이다.

둥 둥 둥
북채가 소리를 업고 새벽을 넘어오네

꽃무릇에 앉아 있는 검은 나비
향기를 업고 어디로 가는것일까

백팔탑을 향해 합장하는 두 손
소리에 몸을 맡기고 허공을 끌어당기네

둥 둥 둥
향기에 맺혀있는 꽃잎
멀리멀리 흩어지며 법문을 두드리네

세상에 와서
그리움으로 가득한 세상에 와서
목청을 세우고 눌러 참아도
만나지지 않은 얼굴

둥 둥 둥
소리 보살이 빚어내는 구도의 길
두드리고 두드려야 만날 수 있다는
법문 속에 살고 있다는
어머니

소리가 북채를 안고 저녁을 넘어가네

─「꽃무릇」전문

홍국사의 꽃무릇과 백팔탑의 풍경 속에 살고 계신 어머니가 시간과 공간을 가로질러 소리 풍경이 되어 다가온다. 법문을 두드리는 북채가 소리를 업고 새벽을 넘어오고, 백팔탑은 소리에 몸을 맡기고 허공을 끌어당겨도 그리움으로 가득한 세상에서 끝내 만나지지 않은 얼굴들이 있다. 소리보살이 빚어내는 구도의 길에 대한 시인의 개념어가 새로운 깨달음으로 안내한다.

추보식으로 시상이 전개되면서 새벽 어명괴 꽃무릇과 법고와 어머니와 노을이 유추적으로 건너고 융합하면서 견성의 진리에 이르는 구도의 길을 보여주는 꽃무릇의 개념어가 재발견된, 융합적 안목으로 세계를 가로질러 바라본 깨달음의 의미 체험이다. 시인의 체험은 보이는 것 중에서 나의 관심을 끌어 들여다 본 것이고, 그렇게 본 것 중에서도 나의 가슴에 어떤 느낌으로 닿은 의미심장한 체험이다.

이 체험들이 고스란히 언어화되어 내 안에 저장되었다가 어떤 상황, 계기를 통해 출력된다. 그래서 생각과 상상력은 내 안에 있는 언어 간의 통섭이다.

김정애 시인이 발견한 원형의 의미 체험은 시공을 가로지른 깨달음이다.

그런가하면 꽃무릇과 석탑, 그리고 백팔탑에 관한 그녀의 상상력은 또 역사의 현장으로 건너간다.

이번 시집의 제3부는 여수의 자연과 삶과 여순사건의 만남을 보여준다. 아름다운 자연과 삶 속에 내재된 아픈 역사를 현시해냄으로써 여수하면 지나칠 수 없는 '여순1948'은 시인에게도 예외없이 숙명적 과제로 자리매김한다.

밤손님낮손님좌익우익연좌제빨갱이내통한다는말도손가락총도탕탕때려눕히고눈물없는귀천없는세상만들어주소눈물없는귀천없는세상만들어주소
어젯밤 기도가 꽃으로 피었는가

─「탑 송이 붉은」부분

밤손님과 낮 손님인 좌익과 우익이 '꽃 따로 잎 따로'의 꽃무릇에 기댄 시인의 유추적 개념어가 아픔의 깊이로 다가온다. 그녀의 건넘은 언어의 틈새에서 자유로운 융합의 시 쓰기다.

동백꽃이 피어나
향기 젖은 말을 모래 위에 쓰고 있다

역사 앞에서
이념의 회초리 앞에서
꿋꿋하게 당당했던 젊은 사내가

검은 바다에 묻히던 날

빗속에서 함께 울었다던
동백꽃 동백꽃

모정母情은
동백꽃을 가슴에 새기면서
젊은 영혼도 어디선가 피어나길 원했겠지
꽃피길 원했겠지

하늘을 향해 긴 이야기를 쓰고 있는 저녁
파도가 해안선을 데려와 기웃거릴 때
싸르륵 싸르륵
눈뜨는 소리가 바다를 덮었다지

영혼의 눈들도 일제히 뜨고 열려
아침을 끌고 왔다지

밝게 빛나는 바다의 혜안
마래산 언덕에도 새날이 열렸다지

마래산 언덕에도 새날이 열렸다지

―「검은 바다 눈뜨는」 전문

검은 모래가 있는 만성리는 검은 바다다. 검은 바다라는 유추의 디딤돌로 여순사건(10·19)이 자리하고 있다. '손가락 총에 넘어진 동백, 눈 감고 70년. 맘 닫고 한세월', '역사 앞에서 이념의 회초리 앞에서 꿋꿋하게 당당했던 젊은 사내가 검은 바다에 묻히던 날'이 있었고, '빗속에서 함께 울었다던 동백꽃'이 피었기 때문이다. 시인은 만성리 바닷가의 동백꽃이 피는 것은 그때의 아픈 영혼들이 하나 둘 꽃으로 피어난 것임을 인지한다.

'검은 바다 눈뜨는 날'은 화해와 상생의 새날이 열리는 날을 의미한다. 머잖아 마래산 언덕에도 새날이 열리겠지만 시인의 염원과는 달리 아직도 어둠만 가득한 바다, 견디는 것인지 기다리는 것인지 분명하지 않은 채 검은 모래는 눈 뜨지 않는 현실을 직시하는 시인에게는 〈꿈속에 그려보는 항해일지〉다.

'얼굴 없는 얼굴을 보듬고 있는 마래산과 애기섬'의 기억도 그렇고 '좌익도 우익도 아니었당께 가정을 지킨 가장이었어'란 팩트도 그렇고 '안 와, 밤이 되어도 안 와 해가 바뀌어도 안 와'란 시인의 언어선택에서도 그날의 아픔이 고스란히 묻어난다. 그녀가 통섭으로 만난 여순사건은 여수의 지명과 함께 오버랩된다.

기다리다 기다리다 상량에 새겨질 그날 생각하며 말줄임표 비문에 문패를 달고 싶고, 돌탑에 뒹구는 천년 바람은 눈물의 다른 이름으로 들려온다. 여순사건에 대한 시인의 인식은 다양하게 드러난다.

    꿈이 모여서 꿈같은 세상을 이룬다는데
    만장 앞세우고 달려가는 애기섬
    얼굴 없는 얼굴을 보듬고 있다
    얼굴 없는 얼굴이 웃고 있다
                                 ―「꿈속에 그려보는 항해일지」부분

    원래 착했어
    티끌만큼도 잘못이 없었당께
    순천역에서 근무하다 끌려갔는디
    안 와
    반이 디어도 안 외
    …(중략)…
    좌익도 우익도 아니었당께
    가정을 지킨 가장이었어
                                   ―「안 와, 해가 바뀌어도 안 와」부분

    말줄임표 비문에 문패를 달아다오
    봉긋하게 솟아있는 정신을 새겨다오
                                         ―「문패를 달다」부분

    꾹꾹 눌러 참아도 삭아지지 않는
    나서지 말라는 말랑말랑한 말이 화석보다 단단해지고
    좌우로 흔들리던 역사의 바깥은

어둡고 무거운 통점 같은 고백으로 출렁였다

—「말랑말랑한 침묵」 부분

　시인의 주변은 온통 시 아닌 것이 없다. 장애인종합복지관에서 만난 아이들도, 천리를 간다는 전설의 천리향도, 진섬다리에서 만난 꽃게도, 가만한 꽃들이 들녘을 밀고 가는 유채꽃밭도, 개도 사람 길도, 풍경 깊은 집도, 봄이 오는 것도, 꽃이 피고 지는 것도, 아침이 오고 저녁이 오는 것도, 살랑대는 바람도, 아침 저녁으로 만나는 풍경 하나도 가만히 시가 된다. 가만히 살펴보고 들여다보면 새롭지 않은 것이 없다는 것이다.

　종교적인 득도도 사소한 것에서 깨달음을 얻듯이 시 창작은 사소한 것에서 깨달음을 얻는 일이다. 예술적 안목은 세속적이고 범속한 것으로부터 단절시키는 시선으로 있는 그대로의 모습에서 보이지 않았던 또 다른 모습을 발견해낸다. 낯익음 속에 있는 낯섦을 발견해내는 시선이자 다름을 인지해 내는 시적 안목이다. 순간에 만나 소통하는 시적 안목은 대상과 현상에게 인문적인 말 걸기다.

　세상은 단 한순간도 같을 수가 없고, 늘 보아오던 풍경에 안겨있는 다른 삶의 풍경을 발견해낸다. 이것이 관점과 관찰, 통찰의 문제다. 그래서 시창작은 관점과 관찰, 통찰에 의해 세상을 새롭게 만나고 새롭게 만들어가는 이끼의 순간이다.

습기의 시간은 간절함으로 푸르다

향을 피우고
당신이 좋아했던 얼굴이 자리를 잡아갈 때
기억 저편에서 습기가 몰려온다

꽃대 무성했던 봄과
계곡에 차고 넘쳤던 웃음소리

멈춰 선 시간이 축문으로 향해갈 때
눈으로 번져오면서 살아나는 이끼
물기에 젖어 있는 어린 바람은
속 썩을 일 없는 그곳 생활과
끼니보다 먼저 찾아오는 통증은 사라졌는지
두서없는 독백을 풀어놓는다

지상에 없는 적막의 시간이 펼쳐지고

반쯤 열린 문틈으로 북풍이 기웃거릴 때
푸른 촛대가 잠시 눈을 감아준다

바닥에 엎드린 손孫과
키를 낮춘 촛불이
축문에 내려앉은 습기를 받아낸다

─「이끼의 순간」 전문

통찰의 시작은 질문이다. 생각하는 힘은 질문의 힘이다. 그녀의 상상력과 깨달음은 '시대의 편견이 쌓아 올린/ 박물관에 박제된 유물 같은/ 고집 같은/ 눈을 벗어던질 때'「질문의 문」이 시작된다.

그리고 통찰洞察의 통洞은 동네, 동굴의 의미를 갖고 있다. 동굴은 인간의 삶을 시작했던 곳, 자신의 눈에 보이지 않은 세계를 발견하는 곳, 질문이 시작된 곳으로 인간에 대한 깊은 성찰이 이루어지는 통찰의 공간이다. 이는 일종의 통과의례로 외롭고 쓸쓸한 공간에서 진정한 나를 발견하고 새로운 삶의 여정을 떠날 때 비로소 생긴다.

시인에게 동굴은 간절함이고 독백이고 지상에 없는 적막의 시간이자 이끼의 순간이다. 그것은 통찰이고 깨달음이다. 단군신화의 동굴, 원효의 동굴, 쇼베의 동굴, 무함마드 동굴, 헨리데이빗 소로의 골방, 잡스의 골방…

동굴에서의 깨달음이란 지금까지 쌓았던 세계를 허물어 버리는 것, 편견을 깨부수는 작업으로 이는 동굴에서 듣는 침묵의 소리다. 그래서 우리는 서로에게 '당신만의 동굴을 가지고 있습니까?'라고 묻는 것이다.

'그대는 골방을 가졌는가?/ 이 세상의 소리가 들리지 않는/ 은밀한 골방을 그대는 가졌는가?' 함석헌 선생의 목소리가 생생하게 들리고, '인간이라면 스스로에게 질문을 던지고 내면의 소리에 귀를 기울여라'고 말하는 오이디푸스의 목소리가 들리는 것이다.

자연을 탐색하는 일은 인간을 사색하는 일이다. 한글 창제도 그렇고 시창작의 원리도 마찬가지로 인문과 자연이 소통을 넘어 통합으로 진행하는 일이다. 통찰과 통섭은 인문학, 사회과학, 자연과학의 지식분야를 하나로 통일하자는 관점으로 다른 쪽에서 이쪽을 더 잘 볼 수 있다는 원리다. 인간과 자연이 공존하는 첫걸음이다. 조화로운 협업관계다.

나는 누구인가? 나는 왜 행복을 원하는가? 근원적인 질문에서 시작되는 창작 원리다. 거창한 이야기보다는 존재와 존재의 관계를 풀어보고, 존재에 대한 기본적인 이해를 고민하는 일이다. 그리하여 우리 사는 세계를 더 가치있게, 아름답게, 의미있게 풀어내는 화법이다. 시창작도 마찬가지다.

예닐곱 가구가 등 맞대고 그물처럼 살아가는 포구
낚싯대에 봄밤을 매달고 건너간다
물때는 일곱 물
반쯤 감고 있는 달빛은 구름을 밀쳐내고
갈매기 울음소리는 적막을 깨운다
짭조름한 물비늘 같은 외딴 서풍 속에서
능선을 펼치며 후렴으로 달려오는 소쩍새
절정을 낚겠다고
화두를 낚겠다고
사투리 엇박자 위에서 헛손질을 하고있다
달빛을 늘리고 있다

주고받는 눈빛도 소음이 되는 고요
물이랑에 내려앉은 달빛
외진 모퉁이처럼 겉돌고 있는 침입자를 비추고 있다
　　　　　　　　　　―「달빛은 굴개 마을을 보듬고」 전문

　백문이불여일견百聞而不如一見이라 했던가. 시적 상황과 언어의 만남은 어때야 하냐고 누가 묻는다면 가만히 이 시를 건네주고 싶다. 우리가 늘 쓰는 말을 어떤 상황 혹은 대상과 연결하느냐에 따라 세계가 새롭게 인식되는 그것이 시창작의 언어 부림이라는데 백 마디 말 대신에 이 시를 가만히 들려주고 싶다. 별 볼일 없는 사소한 일상을 시가 되게 하는 응시의 힘이 보이는 시다. 작고 나직하고 사소하고 별 볼일 없는 것들에 대한 관찰로 삶의 장엄함을 발견하는 힘이다. 아주 사소하고 낯익은 일상의 재발견이다.
　김정애 시인에게 시적인 순간은 늘 그렇게 보이던 풍경이 어느 날 문득 저렇게 다르게 보일 때다. 이것에서 저것을 보고, 저것에서 이것을 보는 건너는 사소한 생각이 시의 자리가 되었고 그 자리에서 시가 탄생한다.

　글자를 읽지 못하는 다섯 살 아이
　첫 페이지 펼치더니
　나비 제비 데리고 산으로 간다
　꽃 위에 앉았다가 꽃으로 낯을 씻고
　첨벙첨벙 물속으로 들어가

꿈을 데리고 나온다

글자에 갇혀있는 나보다 보폭이 깊다
　　　　　　　　　　　　　　　―「어린이 꿈터」 부분

보육원 운동장이 하늘을 보네
양팔 벌리고 올려 보네
하하하
호호호
웃음소리 가득하네

달빛이 팔 벌리고 내려오네
호호호
하하하
가슴 열고 내려오네
웃고 있는 천사 품에 안기네
　　　　　　　　　　　　　　　―「추석 무렵」 전문

　맑은 동심이 맑은 웃음으로 화르르 번져온다. 동심에 대한 그리움과 순수한 인간성을 회복해야 한다는 메시지를 복선으로 하고 있다. '어린이는 사람의 처음이고 동심은 마음의 처음'이라고 한 명나라 이탁오의 말이 생각난다. 아이들의 마음으로 꿈을 그리고 꿈을 찾느라 뛰어다닌다. 아이들의 웃음은 영혼의 순수한 기쁨이 순간적으로 폭발하는 것, 가장 근본에 있는 희열이 터져 나오는 것이다. 산에서도 물속에서도 꽃에서도 꿈을 찾아 나오는 아이들의 보폭은 글자에 갇혀 사는 나보다 깊을 수밖에 없다. 그것은 이미 관념의 때가 묻어있는 나의 언어에 내가 갇혀있기 때문이다. 맑고 고운 울림의 아이의 눈, 길이 서로 소통하면서 관계성을 구축하고 있다.

좋은 시는 세상과 제대로 소통하면서 세상의 삶을 가슴 따뜻한 시선으로 보듬어 낼 줄 알아야 한다. 요즘 시인은 아이들과 생활하며 아이들이 되어 세상을 바라본다. 그녀의 시가 삶에 대한 이해를 향한 접근이라서 늘 맑은 웃음이 가득한 인간이 안겨 있다.

니체는 '인간이 도달해야할 가장 높은 자리는 어린이'라 했다. 그리고 또 '참된 사랑은 사랑하는 대상을 스스로 창조한다.'고 했다. 대상이 나를 선택하는 것이 아니라, 내가 대상을 창조하는 것, 그것이 사랑이다. 사랑은 궁극적으로 '삶을 아름답게 창조하는' 행위이기 때문이다.

그녀의 동심은 모든 제약과 굴레를 벗어나 전혀 새로운 곳으로 건너가게 하는 마음의 처음이다. 그리고 대상과 현상의 본질을 들여다보는 관계짓기며 서로의 거리를 긴밀하게 당기는 작업이다.

김정애 시인의 마음은 늘 질문하는 마음이고, 건너는 마음이고, 어린이의 마음이다.

그녀는 세상의 대상과 현상에 스스로 특별해지고 싶다. 그것은 그 안에 구속되는 것이 아니라, 더 넓게 바라보는 안목을 갖는다는 것이다. 동심으로 세상의 무늬를 범우주적 시선으로 헤아려내고, 그것으로 더 나은 세계를 열어가는데 주저함이 없다.

　김정애 시인은 이미 만나고 접했던 표정과 표정들이 서로 만나고 통하고, 융합하고, 크로스오버하여 새로운 시적 상상력으로 나아가는데 자유롭다. 그녀의 융합과 통섭은 아는 것을 버리고 경계를 넘어서는 일, 즉 이쪽에서 저쪽으로 저쪽에서 이쪽으로 자유자재로 건너다니는 일이다.
　그녀의 융합은 지배적 담론에서 벗어나 자기만의 언어를 만들어내는 공부법인 동시에 대상과 현상이 새로운 세계를 보여주는 대안적 언어를 만드는 전략이다. 거창한 이야기보다는 존재와 존재의 관계를 풀어보고, 존재에 대한 기본적인 이해를 고민하면서 우리 사는 세계를 더 가치있게, 아름답게, 의미있게 풀어낸다.
　관점에 따른 생각을 스케치하고, 새로운 경험을 창조하고, 세상을 새롭게 출력하여 독자로 하여금 그만큼에 갇혀있던 언어로부터 벗어나 새로운 존재의 언어를 경험하게 한다.
　참 행복하고 즐거운 작업이다.

그 섬에 든 순간 너도 나도 꽃이었지

초판 1쇄 인쇄일 | 2023년 07월 20일
초판 1쇄 발행일 | 2023년 07월 31일

지은이 | 김정애
펴낸이 | 노정자
펴낸곳 | 도서출판 고요아침
편　집 | 심남규

출판 등록 2002년 8월 1일 제 1-3094호
03678 서울시 서대문구 증가로 29길 12-27 102호
전화 | 302-3194~5
팩스 | 302-3198
E-mail | goyoachim@hanmail.net
홈페이지 | www.goyoachim.com

ISBN 979-11-6724-137-5(03810)

* 책 가격은 뒤표지에 표시되어 있습니다.
* 지은이와 협의에 의해 인지는 생략합니다.
* 잘못된 책은 교환해 드립니다.

* 이 책은 2023년 한국 문화예술위원회와 전라남도문화관광재단 문예진흥기금을
　보조 받아 발간하였습니다.

ⓒ 김정애, 2023